L'EMPEREUR

ET

S. ÉM. LE CARDINAL

ARCHEVÊQUE DE ROUEN

DEVANT

LA CONSCIENCE CATHOLIQUE

PARIS

É. DENTU, LIBRAIRE-ÉDITEUR

Palais-Royal, 17-19, galerie d'Orléans

et à la LIBRAIRIE CENTRALE, 24, boulevard des Italiens

1864

Tous droits réservés

VERSAILLES. — IMPRIMERIE CERF, RUE DU PLESSIS, 59.

L'EMPEREUR

ET

S. E. LE CARDINAL ARCHEVÊQUE DE ROUEN

DEVANT LA CONSCIENCE CATHOLIQUE

Grâce à cet esprit d'exagération et à cet élan des passions outrées, qui poussent souvent les hommes de parti dans des voies extrêmes, la conscience publique s'est vue un moment inquiète et presque hésitante. La conscience catholique elle-même, livrée en quelque sorte à la direction de ces mêmes passions, dont le privilége est de renier le sens commun et de courir, sans prévoyance, entre un passé oublié et un avenir tout problématique, s'est surprise dans le dédale inextricable du doute, toute prête à suivre aveuglément la pente la plus rapide et la plus dangereuse.

Les questions les plus palpitantes d'intérêt, d'actualité, de vie et de mort, se sont présentées au tribunal de ses décisions. La première, la plus importante de toutes, a reçu sans doute une solution qui a heureusement rassuré les catholiques. Et lorsque les évêques réunis à Rome, ont signé l'acte solennel par lequel ils reconnaissent et proclament que le pouvoir temporel est nécessaire, *dans les circonstances actuelles*, à l'indépendance de l'Église, ils ont fermé la porte, par leur union de pensées et de paroles avec le Saint-Siége, à toute proposition destructive de ce pouvoir.

Mais une fois sauvegardés les intérêts de la religion, n'était-il pas convenable, utile, nécessaire, de sauvegarder aussi les intérêts de la patrie, de les concilier avec ceux de la foi chrétienne, et de donner à des catholiques, citoyens d'un État qui n'est pas l'Église, mais qui est, dans l'Église, le premier État par son importance politique, une règle de conduite sage et une décision que nous appellerons volontiers théologique?

Hélas! l'expérience nous a assez démontré que cette règle était la condition essentielle de vie normale pour un catholique, citoyen d'une patrie civile, et, disons-le franchement, surtout pour un catholique français. Si nous n'avions mille raisons de le croire ainsi, notre opinion serait suffisamment justifiée par le mouvement des dernières élections, où l'on a vu des catholiques, des hérauts influents de l'opposition, des citoyens d'un caractère d'ailleurs respectable, douter si l'on pouvait rester bon catholique et voter pour les candidats du gouvernement. Évidemment bien des consciences ont dû être et ont été effectivement troublées par de telles interprétations, que la conscience catholique condamne et réprouve; et en présence de cet état de choses, source d'hésitation, de doute et de contradiction, bien des catholiques se seront demandé, si l'on pouvait en conscience rester attaché au gouvernement, voter comme lui et avec lui, se dire et être impérialiste, et professer cet esprit de conciliation qui tend, par tous les moyens reconnus légitimes, à entretenir un accord durable entre la patrie et l'Église, entre Rome et la France? Doute terrible, le plus terrible de tous, parce que de sa solution devaient dépendre les intérêts d'un grand pays et ceux de l'Église, la tranquillité ou l'agitation des esprits, la sécurité du monde ou une série de nouvelles révolutions, l'oubli et le remède définitif de nos maux passés ou l'ouverture d'un nouvel abîme sans bords et sans fond.

Mais la divine Providence, cette mère aimante et prévoyante de l'humanité, a fait surgir en temps opportun une de ces circonstances, qu'elle a soin de mettre ordinairement sur la voie des hommes et des états, lorsque, dans sa bonté, elle juge utile de les éclairer et de les rassurer. Et, chose étonnante! quoique bien ordinaire pour les esprits qui observent la marche de Dieu dans les choses d'ici-bas, c'est dans son Église même qu'elle a choisi son moyen, car Dieu fait tout dans son Église et pour son Église. La préconisation d'un illustre prélat pour l'éminente dignité de prince de l'Église, et la remise faite à lui de la barrette de cardinal par l'auguste souverain qui gouverne la France, qui tient en ses mains les destinées du monde, et qui porte si noblement le titre de fils aîné de l'Église, voilà cette circonstance significative, voilà cet événement, hier encore, inconnu, n'existant pas, et aujourd'hui, à notre point de vue, le plus sérieux, le plus grand, le plus fécond qui se soit produit depuis plusieurs années. Car cet événement a servi, non-seulement à proclamer avec solennité un prince.

dans cette Église, qui vivra toujours, malgré ses ennemis, parce qu'elle se recrute du mérite et de la vertu, mais encore à faire entendre à la France entière, à tout l'univers catholique, c'est-à-dire à tous les peuples de la terre, à toutes les nations, parce que la France est partout et le catholicisme en tout, des paroles mémorables et d'un sens aussi éclairé que profond ; paroles destinées à régler et à diriger la conscience humaine, et particulièrement la conscience catholique, dans les jours graves et solennels où nous vivons. L'année nouvelle ne pouvait pas s'ouvrir sous des auspices plus favorables. C'est un augure de conciliation et de paix pour l'avenir ; et quel que soit le résultat de la proposition du congrès le plus humanitaire, le plus pacifique, dû à la loyale initiative de Napoléon III, nous avons la certitude que Dieu a béni sa pensée, et qu'il protége visiblement l'homme qu'il a doué d'un génie incomparable, et qu'il a donné pour chef à la France.

Soit parti pris, soit oubli de ce qui a été fait, bien des personnes ignorent ou veulent ignorer avec quelle dignité la France honore les chefs de l'Église, et quel respect l'empereur, en particulier, porte à tout ce qui tient à la gloire et à la manifestation de la religion et de son culte. Sans entrer dans les détails de tout ce qu'il a fait pour l'Église et pour le clergé depuis que la Providence l'a élevé au pouvoir suprême, qu'il nous suffise d'une appréciation générale et succincte qui domine, sous ce point de vue, toute sa conduite.

Que l'Empereur ait des droits nombreux et sacrés à la reconnaissance du monde catholique, c'est un fait incontestable et qui n'a nullement besoin de démonstration. Quels titres plus justes et plus légitimes que d'avoir ramené de l'exil le souverain pontife, de le protéger contre la fureur de ses ennemis, de donner au clergé de l'empire protection et honneurs, de s'associer à toutes les œuvres de bienfaisance et de charité, et de prendre l'initiative en ce qui peut assurer la liberté et l'indépendance de la religion? Mais n'anticipons pas sur ce que nous avons à dire à ce sujet en parlant tout à l'heure du discours du nouveau cardinal et de la réponse de Sa Majesté. Constatons, pour le moment, un seul fait, capable de produire une profonde impression sur les esprits droits et sincères, à savoir : que l'empereur, bien souvent calomnié dans ses actes et même dans ses intentions, en ce qui touche à la religion et à l'Église, a toujours répondu par le calme le plus serein, par l'oubli le plus noble et par de nouveaux bienfaits.

D'ailleurs, les deux discours prononcés dans la circonstance mémorable dont nous parlons, seront un monument perpétuel de la noble et loyale conduite de Napoléon III, en même temps qu'un point d'appui respectable et sûr pour la conscience chrétienne et pour sa conduite à venir.

On saura, on sait déjà dans toute la France, dans toute l'Europe, que le palais des Tuileries est non-seulement le lieu où la Majesté impériale étale, en certains jours, l'éclat et la dignité d'un grand peuple, et où le souverain élu de la nation élabore et préside ces mémorables conseils, dont la sagesse fait l'admiration de l'univers, mais que c'est encore le lieu où nos évêques et nos cardinaux, agenouillés devant l'Empereur, qu'ils reconnaissent pour le représentant légitime de Dieu dans l'administration des intérêts temporels de l'État, prêtent à sa personne auguste et à la constitution qui régit le pays, le double serment de respect et de fidélité.

Heure solennelle et qu'un évêque n'oubliera jamais, que celle où le chef de l'Empire, prenant dans sa main la main du prélat respectueux et fidèle, consacre, par une alliance légale et librement consentie, le lien de paix et d'affection qui doit unir à jamais, dans des sentiments noblement, loyalement manifestés, le prélat catholique et l'Empereur, et associer, pour la même fin, quoique dans un ordre de choses différentes, — le bonheur des peuples, — les deux pouvoirs qui gouvernent l'humanité ; d'un côté, le pouvoir temporel, et de l'autre la puissance qui régit les âmes.

C'est pourquoi rien n'est oublié pour rehausser l'éclat de cette solennité, tout à la fois patriotique et religieuse. La France ne craint pas de reconnaître hautement qu'elle protége les droits de Dieu ici-bas, et elle est justement fière des honneurs qu'elle accorde aux chefs de l'Église et à ses princes. Et l'organe officiel du pays a rendu compte avec une noble et loyale simplicité, de la cérémonie religieuse accomplie, ces jours derniers, dans la chapelle des souverains de la France.

Nous nous plaisons à reproduire ces paroles, parce qu'elles doivent être conservées comme un souvenir touchant et mémorable d'une fête dont le cérémonial, ignoré généralement, ne peut cependant que laisser dans les cœurs chrétiens et français des souvenirs pleins d'intérêt.

« L'Empereur, — disait le *Moniteur* du vendredi 15 janvier 1864, — a remis hier jeudi, dans la chapelle du palais des Tuileries, la barrette à Son Éminence le cardinal de Bonnechose, archevêque de Rouen, promu à la pourpre romaine, sur la présentation de Sa Majesté, dans le consistoire du 21 décembre dernier.

» Vers onze heures du matin, un maître des cérémonies, introducteur des ambassadeurs, s'est rendu, accompagné du premier chambellan de l'Impératrice, avec six voitures de la cour, à l'hôtel du cardinal, et a conduit aux Tuileries Son Éminence, qui était accompagnée de Monsignor Meglia, auditeur de la nonciature du Saint-Siége apostolique, désigné par le Pape pour remplir les fonctions d'ablégat, du comte Jérôme-Ambrosi-Tommasi, garde-noble de Sa Sainteté, chargé d'apporter la barrette, et des ecclésiastiques et séculiers qui s'étaient rendus à l'hôtel du cardinal et devaient lui faire cortége.

» Les voitures se sont arrêtées au pavillon de l'Horloge, où Son Éminence le cardinal, l'ablégat et les autres personnes sont descendus et ont été conduits au salon des ambassadeurs.

» Le grand-maître des cérémonies, après avoir pris les ordres de l'Empereur, a introduit l'ablégat dans le cabinet de Sa Majesté, qui avait à sa droite Son Altesse Monseigneur le prince Louis-Lucien Bonaparte.

» L'Empereur était entouré des grands officiers de la couronne et du commandant en chef de la garde impériale, de son adjudant général du palais, de son premier écuyer et des officiers de service de sa Maison.

» Derrière l'Empereur se tenaient le ministre d'État, le ministre des affaires étrangères et le ministre de la justice et des cultes.

» L'ablégat a adressé un discours latin.

» Monsignor Meglia a remis ensuite à l'Empereur le bref pontifical qui lui confère la qualité d'ablégat apostolique pour la remise de la barrette.

» L'Empereur lui a répondu quelques paroles de bienveillance.

» Après cette audience, l'Empereur, accompagné de Son Altesse Monseigneur le prince Louis-Lucien Bonaparte, précédé et suivi des grands officiers de la couronne, du commandant en chef de la garde impériale et des autres officiers de sa Maison, est descendu à la chapelle du palais.

» L'Impératrice, accompagnée de Son Altesse Impériale Madame la princesse Marie-Clotilde Napoléon, de Son Altesse Madame la princesse Lucien Murat, et de Madame la princesse Anna Murat, s'était déjà rendue dans sa tribune, précédée et suivie de sa dame d'honneur et de ses officiers et dames de service, et des officiers et dames de service de Son Altesse Impériale Madame la princesse Marie-Clotilde Napoléon.

» Son Éminence le cardinal-archevêque de Bordeaux s'était rendu à l'avance à la chapelle, ainsi que Son Excellence le nonce du Saint-Siége apostolique.

» Leurs Majestés ont entendu une messe basse, vers la fin de laquelle Son Éminence le cardinal de Bonnechose, vêtu de violet, a été introduit dans la chapelle par le grand-maître des cérémonies, avec son cortége. Son Éminence a été reçue à l'entrée de la chapelle par Sa Grandeur l'archevêque de Paris, grand aumônier de l'Empereur, et conduite à gauche de Sa Majesté.

» Immédiatement après, l'ablégat a été introduit dans la chapelle et conduit à la crédence sur laquelle étaient posés le bref pontifical adressé au cardinal et la barrette. Après avoir remis le premier à Son Éminence, il a présenté à l'Empereur la barrette sur un plat de vermeil.

» Son Éminence le cardinal de Bonnechose, conduit par le grand aumônier, s'est mis à genoux sur un carreau de velours, en face de l'Empereur.

» Sa Majesté a pris la barrette et l'a posée sur la tête du cardinal, et à ce moment le maître des cérémonies ecclésiastiques a couvert Son Éminence du manteau rouge.

» Le cardinal s'étant relevé, a ôté sa barrette, a salué l'Empereur et est retourné à sa place.

» L'Empereur est alors remonté dans le salon du Premier Consul, où l'Impératrice s'est rendue, de son côté, avec les princesses.

» Son Éminence le cardinal de Bonnechose, qui s'était revêtu de ses habits de pourpre, a été conduit devant l'Empereur et l'Impératrice, dans le salon du Premier Consul, avec l'ablégat apostolique, le garde-noble de Sa Sainteté et les personnes qui lui faisaient cortége. Il a été introduit auprès de l'Empereur par le grand chambellan. »

Les Tuileries ont reçu, en une infinité de circonstances, des visiteurs illustres, et honorés autant par le pays que par son chef auguste. Plusieurs fois dans l'année, les princes, les ministres, les premiers corps de l'État, les ambassadeurs des souverains étrangers viennent offrir à Sa Majesté Impériale l'hommage de leurs vœux et de leurs respects. Déjà même, en quelques années seulement, presque tous les États de l'Asie ont tenu à honneur de venir saluer, par de riches et nombreuses ambassades, celui dont la réputation et la gloire remplissent le monde d'admiration. Ces concours, sans doute, ont un caractère qu'il ne faut pas méconnaître ; ils sont le garant d'une paix universelle, qui se prépare lentement, mais sûrement dans la destinée des peuples, malgré les bruits sourds et lointains que la guerre meurtrière fait retentir encore de temps en temps à nos oreilles. Et cette paix, l'époque plus ou moins prochaine, qui en goûtera les bienfaits, en rendra grâce au Prince qui sut attirer à lui tout l'univers, et qui a répondu, non pas à la discorde et à l'agitation, car il les a refoulées, en principe et de fait, dans l'abîme qui les avait vues naître, mais aux hommes égarés : Paix et conciliation, amour et fraternité ! paroles qu'il a même eu le courage, au risque de n'être pas compris ou secondé, de faire entendre aux souverains, dont les trônes sont tous plus ou moins lentement et sourdement minés par les machinations révolutionnaires.

Cependant la brillante cérémonie qui réunissait, le 15 janvier, à la chapelle du Palais impérial, l'Empereur, l'Impératrice, les Princes, les Princesses, le nonce du Souverain-Pontife, le nouveau cardinal, plusieurs archevêques ou évêques, et grand nombre d'autres personnages éminents, se présente à notre pensée avec un caractère beaucoup plus élevé et significatif.

Il ne s'agit plus ici seulement d'un légitime tribut de respect et d'hommages payé à un noble et généreux souverain; il n'y est pas question aussi de ces rapports d'un ordre purement temporel, où une diplomatie prudente et sage conserve toujours ses droits de circonspection et de réserve. Il s'agit surtout et avant tout des intérêts de la foi catholique, considérée dans ses rapports avec les besoins temporels d'un grand peuple; il s'agit par conséquent de ces aveux sincères et réfléchis, qui mettent à découvert la conscience de ceux qui les font; il s'agit de ces professions de foi, qui disent de ceux qui les profèrent, ce qu'ils pensent, ce qu'ils sont, ce qu'ils veulent, d'où ils viennent et vers quelle fin ils marchent. Il s'agit donc, dans ce genre de solennité, d'apprécier et de proclamer hautement, franchement, en toute droiture d'esprit et de conscience, les choses au milieu desquelles on vit, et les hommes chargés des destinées humaines.

Le discours éloquent et profondément senti du nouveau cardinal et la réponse de l'Empereur portent avec eux cette marque distinctive de franchise et de vérité. De plus, ils éclairent les esprits où il resterait encore quelque doute sur les véritables rapports du Gouvernement avec l'Église, et ils donnent à la conscience catholique une règle qu'elle peut, qu'elle doit suivre, sans craindre de s'égarer dans une voie incertaine et dangereuse. L'appréciation successive des deux discours, convaincra facilement ceux qui les liront avec une attention exempte de passions ou de préjugés.

*
* *

Après l'exposé du cérémonial à l'occasion de la remise de la barrette à Mgr l'archevêque de Rouen, « le cardinal, dit encore le *Moniteur*, a prononcé les discours suivants adressés à l'Empereur et à l'Impératrice... »

Nous commencerons par conséquent nos appréciations, en rappelant et en commentant, quoique sommairement, à cause du cadre restreint que nous nous sommes tracé, les paroles du nouveau prince de l'Église.

Si nous n'avions pas ces nobles et éloquentes paroles, nous connaîtrions déjà néanmoins, et on le connaît depuis bien des années, l'illustre prélat qui les a prononcées. Son caractère personnel, son éducation, ses différentes fonctions dans la vie civile et dans la vie sacerdotale ont suffisamment révélé cet esprit élevé, ce cœur affectueux, dévoué et conciliant, qui ont toujours fait de Mgr de Bonnechose un citoyen dévoué sincèrement à son pays, et un prêtre oublieux de ses propres intérêts pour le bien de ses frères et les intérêts de la religion.

Cependant la circonstance qui nous fait écrire cet opuscule le révèle avec d'autant plus d'éclat, qu'il est revêtu d'une dignité plus grande. Prince de l'église en même temps que sénateur français, il s'élève à cette hauteur de pensée et de jugement, qui inspire des sentiments nobles et généreux, où la vérité a tout à gagner et la politique rien à perdre.

Ce n'est donc point une parole suspecte et dangereuse qu'il fait entendre, c'est au contraire cette parole frappée au coin d'une sagesse et d'une modération éprouvées et sanctionnées. En effet, prince de l'église, préconisé tout récemment par le Saint-Siége apostolique, en relation, par conséquent, d'esprit et de cœur, avec le chef suprême de l'église, et encore sous l'impression toute palpitante de ces rapports intimes qu'il vient d'avoir avec le vicaire de Jésus-Christ, le père de la chrétienté, le premier gardien des droits sacrés de l'église, sa foi et sa piété sincère ne peuvent que lui inspirer des paroles vraies, puisées au foyer même de l'ardente charité qui anime le cœur du vénéré pontife et roi, Pie IX. D'un autre côté, membre du corps le plus auguste de l'Empire, et s'adressant à son souverain, à celui-là même dont il rappelle les bienfaits, et qui récompense en lui le mérite et la vertu, il doit lui parler sans détours et sans flatterie, le premier devoir d'un sénateur-cardinal étant de dire au chef de l'État la vérité loyalement et avec l'accent d'une conscience aussi sincère que respectueuse.

Par conséquent les paroles prononcées par son Éminence Monseigneur l'Archevêque de Rouen, dans son discours à l'Empereur, sont l'expression d'une conviction sincère et profonde, qui a sa source dans le sentiment du bien public et dans un dévouement irréprochable à la cause de l'église. Si elles sont généreuses pour celui qui les prononce, et franchement dévouées aux personnages augustes auxquels elles sont adressées, rendons hommage à la vérité, et reconnaissons-les pour notre règle, comme pour le point d'appui de notre conscience politique et religieuse. Elles seront pour nous une source d'enseignements féconds, propres à nous diriger parmi les doutes et les raisonnements contradictoires, à travers lesquels les passions des partis ou au moins des préjugés erronés, cherchent à conduire les esprits quelquefois les plus droits et les plus sincères.

Trois faits principaux ressortent des paroles de l'éminent prélat. Il nous importe de les considérer attentivement et sans préoccupation, et de les peser avec ce caractère de franchise et d'indépendance, qui les a si noblement proclamées en face de la religion et du pays.

Le premier de tous, celui qui explique les autres, dont il est le point de départ essentiel, c'est la mission providentielle de l'Empereur, manifestée par l'élan patriotique d'un grand peuple, d'un peuple intelligent et religieux. « Le suffrage d'un peuple entier vous a acclamé — dit-il éloquemment — et vous a porté sur le pavois ; les pontifes et la tribu sainte, comme tous les divers ordres de citoyens, ont salué en vous l'élu de Dieu et de la nation. » Mais cette mission providentielle, quelques esprits inquiets, agitateurs, désireux de changements, avides de perturbations, ou soupirant en secret vers des retours impossibles, en ont changé ou altéré le véritable caractère. Les uns ont dit : l'Empereur Napoléon est l'enfant de la révolution, il doit par conséquent en suivre le torrent et ne rien laisser debout des souvenirs du passé. Ceux qui ont ainsi apprécié la mission providentielle de l'élu du peuple, se sont étrangement trompés dans leur prémisse, car ils ont dénaturé le sens du nouvel ordre de choses, créé par la force des circonstances, ils se sont trompés en prenant la révolution pour la destruction. Nous, nous appelons la révolution, cette révolution que la Providence opère de loin en loin dans la destinée des nations, le progrès des peuples ; et dans ce véritable sens du mot, l'Empereur est entré largement dans les besoins des temps modernes, par cette constitution perfectible dont son génie a tracé le vaste cercle. Les autres ont appelé cette mission une transition providentielle. Ils n'avouent peut-être pas ouvertement cette pensée secrète, mais par certaines œuvres, ils se dévoilent suffisamment, pour tenir en éveil un pouvoir qui a le génie de deviner bien des secrets intimes, et qui connaît l'art efficace d'en rendre les machinations impuissantes. C'est pourquoi il gouverne, et il gouverne fortement, comme l'a dit monsieur le ministre d'État, dans la séance législative du 14 janvier. « Il gouverne — dit-il — et il ne se laissera pas enlever ce droit, pour se plier à des maximes surannées qui ont conduit deux trônes à l'exil et au deuil. Il n'a pas relevé ce trône pour ne pas gouverner... il gouverne et il gouvernera. »

Un deuxième fait, non moins certain et évident que le premier, c'est que Napoléon III, président de la République ou Empereur, a répondu religieusement à cette mission d'en haut.

Ce n'est pas notre pensée de rappeler ici tout ce qu'il a fait pour le bien du pays, et pour assurer au dehors l'indépendance, l'honneur et l'influence de la France. « D'autres diront mieux que nous — lui a dit Mgr de Bonnechose — votre infatigable activité pour le bien de l'État, le vaste coup d'œil de votre intelligence, votre fermeté de caractère, votre patience, et cette bonté d'âme qui vous rend sensible à l'affliction du plus humble de vos sujets, et qui vous fait trouver votre satisfaction dans tout ce qui peut sécher une larme ou prévenir une souffrance. »

C'est à la conscience catholique nous nous adressons, en ce moment, pour l'instruire, pour l'éclairer, non point de notre parole et de nos avertissements, mais des paroles mêmes d'un prince de l'Église, prêtre et évêque, hier encore s'inspirant de la sagesse et des conseils du suprême Pontife. Tout en parlant de l'Empereur, nous n'avons donc pas à nous occuper de l'homme d'État; il nous suffit de montrer un grand prince, fidèle à la mission que Dieu lui a confiée, et ayant accepté comme un des premiers devoirs de son élévation à la souveraine puissance, de protéger l'Église et de se montrer constamment supérieur à tout ce qui peut menacer de près ou de loin l'ordre social; il nous suffit de reconnaître et de rappeler à tous les cœurs chrétiens que c'est bien là le prince qui « a rouvert les portes de la ville éternelle au vicaire de Jésus-Christ, et qui l'y défend encore contre les manœuvres parricides d'enfants ingrats et rebelles; le prince par qui la France, après trois siècles, a retrouvé ses conciles; le prince qui lui a rendu la tranquillité au dedans et la gloire au dehors; le prince enfin qui, lorsque l'univers se trouble à la vue des flots de sang humain qui l'inondent, aux cris des opprimés, aux bruits et aux menaces de guerre retentissant de toutes parts, calme et serein, même au milieu des plus sinistres complots, offre la paix au monde par la proposition de ce congrès destiné à éteindre ses divisions. »

Il nous suffit enfin de dire au clergé français, s'il n'est pas vrai, que, depuis la présidence de la République et le rétablissement de l'Empire, il a été plus secondé, plus protégé, plus honoré qu'il ne l'avait été depuis longtemps. Et, chose remarquable, cette protection et ces honneurs, le pays les regarde comme naturels et légitimement accordés. Sous les anciens régimes, le clergé était, ou subi comme une caste nécessaire à la grandeur et à la force du trône, ou considéré, même par la bonne société, comme un corps de sa nature hostile à l'État, et qu'il fallait nécessairement humilier.

Sous le premier de ces régimes, il était tellement identifié au pouvoir, qu'il en était l'instrument aveugle et le héraut indispensable, mais il tomba avec lui; sous le second; il dut, en quelque sorte, vivre à part et subir toutes les humiliations du parti juste-milieu. Aujourd'hui, au contraire, corps ou individu, le clergé jouit librement, franchement, ouvertement de tous ses droits de prêtre et de citoyen ; il est en même temps le ministre de l'Église et l'enfant d'un grand pays, qui l'accepte comme tel, sans ombrage et sans restriction ; il prend part aux conseils du souverain comme à ceux des plus modestes familles, et comme il entre dans l'humble chaumière du pauvre pour y soulager la douleur et la misère, il s'assied de même dans les grandes assemblées, pour y parler avec indépendance, des besoins de la nation et des souffrances du peuple. Et cette force, cette influence, où en trouver la source, si ce n'est dans le progrès où nous ont fait marcher nos institutions, en montrant le clergé, non plus comme l'instrument d'un pouvoir qui pouvait changer et qui a changé en effet, mais comme l'ami et le protecteur de tous, non plus aussi comme une caste dangereuse au bien public, mais comme des prêtres et des citoyens intelligents et dévoués ? Où remonter encore pour trouver le point de départ où ses idées se sont fait jour dans notre société ? L'histoire des quinze dernières années nous le dit assez, dans la volonté ferme et éclairée de celui qui sait rendre honorable la position du plus modeste curé de campagne, comme il sait ouvrir à un cardinal le sénat de l'Empire ; dans la sagesse, en un mot, de ce souverain qui a voulu que, « dans cette auguste assemblée où siégent les représentants les plus élevés de la hiérarchie militaire et civile, l'Église eût aussi les siens, et apparût en quelque sorte personnifiée dans ses premiers dignitaires. »

Mais où donc est le mobile de cette conduite ? et c'est le troisième fait que nous tenons à constater. Nous ne répondrons pas ici aux insinuations perfides qui dénaturent les plus droites intentions. C'est encore le nouveau cardinal qui répondra. C'est « votre foi catholique, Sire, et votre attachement filial à l'Église » qui « ont ouvert le Sénat de l'Empire aux cardinaux. Votre haute intelligence n'a jamais séparé dans ses vues chrétiennes les intérêts sociaux et politiques des sentiments religieux, qui en sont la base la plus solide et la plus sûre garantie. » Paroles dignes d'un esprit élevé et d'un grand cœur, qui rend hommage à la loyauté, à la sincérité, à la foi et à la piété d'un grand monarque.

A la suite de ces trois faits principaux, la mission providentielle de l'Empereur, sa correspondance aux desseins de la Providence, son attachement filial et dévoué à l'Église ; il en vient un quatrième qui en est comme le complément. Celui-ci résulte tout à la fois des droits inaliénables du Saint-Siége et des promesses libérales faites dans le discours du 5 novembre. C'est-à-dire, que, fidèle à la ligne de conciliation qu'il s'est tracée, le gouvernement de l'Empereur, tout en favorisant le développement des idées modernes, en ce qu'elles ont de raisonnable et légitime, ne cessera de maintenir l'indépendance du Saint-Siége, autant que les moyens dont il peut disposer le lui permettront.

*
* *

Les paroles que Sa Majesté a ensuite adressées à Monseigneur de Bonnechose, en réponse à son éloquent discours, sont en effet pour les catholiques une nouvelle garantie, que le Saint-Siége, loin d'avoir rien à craindre du côté de la France, trouvera toujours en elle tout l'appui dont elle pourra disposer. Ce sont des paroles qui ont impressionné profondément l'opinion publique; elles sont de nature surtout à rassurer la conscience chrétienne, et à l'attacher sincèrement, fidèlement à la politique du gouvernement français.

L'Empereur n'hésite pas à reconnaître la haute mission dont il a été investi, et il remercie le cardinal élu et préconisé de l'avoir appréciée, de l'avoir définie « avec l'expérience du magistrat et du prêtre qui a vu de près où conduit l'abandon de tout principe, de toute règle, de toute croyance. » En même temps il se montre heureux, non-seulement de ce que le clergé peut s'occuper librement des questions religieuses, mais encore de l'avoir introduit, par ses chefs les plus éminents, dans le premier corps de l'État.

Monseigneur de Bonnechose avait dit que les intérêts de la patrie son tétroitement liés à la cause de la religion; l'Empereur dit à son tour au cardinal que la cause de la religion est inséparable de celle de la patrie, et que si la pourpre dont il est revêtu, lui donne accès au Sénat, c'est afin qu'il puisse y porter les conseils de la vérité et d'une sage conciliation : « C'est avec plaisir, dit le discours impérial, que je verrai la haute dignité, dont vous venez d'être revêtu, vous donner accès au Sénat. Vous y apporterez, je n'en doute pas, cet esprit de conciliation qui ne sépare pas la cause de la religion de celle de la patrie, cet esprit de tolérance qui attire et persuade, enfin, cet amour du pays qui tend sans cesse à rapprocher ceux qu'éloignent les divergences d'opinions. »

Et pour dernier gage de confiance, donné à l'opinion publique, à la conscience catholique, l'Empereur, avec cette noble et touchante éloquence qui part tout à la fois d'un cœur de souverain et d'un cœur de père, montre à la France et à l'Église ce jeune prince, élevé sous les yeux paternels, par les soins d'une mère auguste et pieuse, et en qui reposent les destinées de l'avenir : « Mon fils, que protégent les bénédictions de l'Église, a-t-il ajouté, apprendra de bonne heure ses devoirs de chrétien, de citoyen et de prince, et plus tard il continuera envers sa patrie, comme envers les amis de son père, à acquitter ma dette de reconnaissance et d'affection. »

*
* *

Après de telles paroles, vivement senties, exprimées avec cette lucidité qui caractérise tout ce que dit l'Empereur, et prononcées avec cet accent de profonde conviction qui pénètre ceux qui les entendent ou les lisent, il ne doit plus rester dans les cœurs français et particulièrement dans les cœurs catholiques qu'un seul sentiment, il ne doit plus être proféré qu'un seul cri : Sécurité et confiance !

Sécurité, parce que le pays peut et doit compter sur celui qui l'a tiré de l'abîme le plus profond que les passions déchaînées eussent encore creusé. Quinze années nous ont dit assez que c'est toujours la même force, la même volonté, le même esprit d'initiative, le même génie, le même homme qui nous garde au dedans, qui nous fait respecter au dehors, qui préside à nos destinées, et qui prépare, pour l'histoire de notre chère et belle France, les pages les plus vibrantes d'intérêt, les plus mémorables. Rien n'a faibli dans ce profond et vaste génie. Son regard a toujours cette pénétration qui déjoue les plus intimes secrets des partis, réunis ou opposés, et qui embrasse avec la même facilité, l'ensemble et les détails des événements. Sa main est aussi ferme à tenir les rênes de l'État, qu'elle le fut au jour de son avènement au pouvoir; le coursier peut s'agiter, hennir, prendre des allures de frémissement, l'habile et sage conducteur reste impassible, patient, calme, serein, et, au besoin, souriant, maîtrisant d'un mot ou d'un geste, la fougue ou l'emportement; son cœur, son âme tout entière, vouée au pays, ne savent, comme au premier jour, qu'aimer et pardonner; jamais la plainte et le mépris n'ont altéré l'impassibilité de ses traits, car s'il sait tenir en respect les ennemis du pays, il s'attache surtout à reconnaître, à attirer, à utiliser tous les hommes de bonne volonté, qui sont prêts à lui prêter un concours franc et loyal.

Confiance, parce que le passé doit nous répondre de l'avenir. Confiance encore, parce que la franchise du souverain et les droits du peuple, consacrés par la constitution, permettent à chaque citoyen de connaître toutes les démarches, tous les actes, toutes les volontés du pouvoir. On a dit quelquefois que l'Empereur préparait ses projets dans le silence et l'isolement.

Si l'on veut dire, par cela, qu'il agit, qu'il prépare, qu'il exé-
cute, seul, sans le conseil, sans la sanction, sans le contrôle,
sans le concours des assemblées légalement constituées, c'est
une erreur profonde, c'est une ignorance impardonnable des
principes les plus simples et les plus clairs contenus dans la
constitution. Si au contraire on entend dire par cette accusa-
tion, qui devient alors un juste et glorieux éloge, que l'Empereur a l'habitude de la réflexion, qu'il mûrit un projet avant
de le proposer à un premier conseil, qu'il prépare lui-même
longuement, sérieusement, les éléments de ses délibérations
et consultations, qu'il aime par-dessus tout à aller à coup sûr,
ne désirant proposer et exécuter que des choses utiles au pays,
honorables pour la France, méditant, combinant et discutant,
comme doit le faire un homme d'état, un souverain qui ne
veut ni être débordé ni rien négliger d'utile; oh ! alors, nous
acceptons volontiers cette parole, et nous remercions l'Empereur de consacrer de la sorte aux intérêts de la patrie ces heures silencieuses et retirées, qu'il ravit même dans son infatigable dévouement au bien public, aux nécessités du repos et
aux plus douces affections de la famille.

Nous avons donc le droit de le répéter : Sécurité et confiance.

Mais nous ne voulons pas oublier qu'en ces quelques pages,
nous nous adressons particulièrement aux catholiques, et que
nous avons cru de notre devoir, puisque la pensée nous en est
venue, et que les circonstances nous en fournissaient l'occa-

sion, de contribuer à les éclairer, quoique dans un cadre de pensées matériellement bien restreint.

C'est surtout dans la conscience catholique en effet, que ce sentiment de sécurité et de confiance doit trouver place, dans les temps difficiles où nous vivons. Plus que tous, les catholiques ont intérêt à maintenir l'ordre de choses que la Providence a établi, à seconder l'homme providentiel qui est au milieu de nous, l'instrument visible et efficace de la protection de Dieu sur le monde et sur son Eglise, et à lui prêter le loyal concours de leurs volontés et de leurs forces. Le catholicisme est par excellence le principe vivant et pratique de l'ordre, de la paix, de la civilisation, du véritable progrès. Les catholiques joueraient donc gros jeu à se mettre en opposition avec le principe politique le plus puissant, le plus fort, le plus légitime, et pourtant le plus modéré et le plus conciliateur qui ait jamais régné sur le monde.

Sans doute le catholicisme n'est pas hostile et ne pourra jamais être hostile à ce principe, car la bonne politique et la religion ont une même source, qui est l'ordre éternel, et un même principe, qui est Dieu. Mais il est des hommes, d'ailleurs droits, sincères, vertueux, bons catholiques en un mot, qui peuvent être égarés, qui le sont effectivement et qui entravent plus ou moins, selon la portée de leur position sociale, la marche providentielle des événements. Il y en a dans les rangs serrés et nombreux des masses; cela se comprend. Mais il peut y en avoir aussi parmi les hommes influents, et il s'en est rencontré. Le caractère le plus respectable, le talent le plus accrédité, la position la plus élevée n'excluent pas toujours les petites ou grandes influences, les petits ou grands intérêts mal compris, et, disons-le, la surprise des petites ou grandes passions elles-mêmes, qui savent se faire jour à travers les intentions, en principe les plus avouables et les plus désintéressées.

Nous répéterons donc et nous dirons particulièrement aux catholiques de toutes les conditions : sécurité et confiance ! Nous leur dirons : Attachez-vous d'esprit et de cœur à celui qui a rouvert au vicaire de Jésus-Christ les portes de la ville éternelle, « et qui l'y défend encore contre les manœuvres parricides d'enfants ingrats et rebelles, » ayez confiance en la sagesse de ses conseils; pour vous, comme pour tous les autres citoyens, son passé et la constitution sont une garantie de vos droits; les actes du pouvoir sont pour vous, comme pour tous, un livre ouvert, où vous pouvez tout voir, tout apprécier, tout discuter; vous savez le respect qu'il professe pour la religion, comme pour vos personnes et pour votre clergé. Oui, sécurité et confiance.

Remontez un instant, leur dirons-nous encore, vers ces jours d'effroi et de salut, où la société fut arrachée à un suprême danger ; vous fûtes les premiers à acclamer l'élu de Dieu et de la nation. Mais depuis ces heures solennelles, où la société fut un instant suspendue entre une mort pleine de douleurs et une vie nouvelle qui triompha malgré les complots les plus inouïs et les plus tristes prévisions, les partis, profitant du calme et de la paix, ont préparé peu à peu leurs combinaisons irréalisables. Ils se sont jetés vers vous, non point pour vous servir, mais pour que vous les serviez. Ne vous y méprenez pas. Ces partis qui vous flattent n'ont d'autre but que de vous exploiter à leur profit. Sans nommer ici personne, car nous parlons pour les principes, et non pour les hommes, voyez comment, vous, catholiques, vous fûtes traités, en plusieurs circonstances, par quelques-uns de ceux-là mêmes qui vous recherchent aujourd'hui avec tant de prévenances et de promesses.

Il est, d'ailleurs, un caractère auquel il est aisé de reconnaître le fond des choses, c'est lorsque les partis extrêmes se réunissent et s'accordent sans principe bien clair, bien avoué, d'un côté, et d'un autre côté, sans programme bien arrêté, sans politique déterminée. Les hommes les plus droits, les plus éclairés, se font alors illusion, ils marchent sans s'en douter à la destruction. Et, les infortunés! ils y marchent sans prévision, sans perspective d'un point d'appui quelconque, sans savoir ce qu'ils organiseront quand ils auront tout détruit. Dans cette inconcevable et monstrueuse association, il y a toujours deux classes d'hommes : les dupes et les séducteurs.

Les catholiques ne sauraient donc se méfier assez de tout ce qui prend un caractère de parti extrême; ils sont avant tout pour les principes et pour les hommes qui les représentent nettement, sûrement, efficacement. Et si les catholiques de 1848 ont concouru si activement à établir l'ordre actuel de choses, nous ne comprendrions pas pourquoi les catholiques de 1864 ne mettraient pas tous leurs soins à le conserver, à l'encourager, à le propager, surtout après des actes d'une sagesse et d'un dévouement à toute épreuve, surtout aussi, après les paroles éminemment conciliatrices, chrétiennes et sacerdotales, qu'un prince de l'Église vient de prononcer en présence du trône et de l'autel. Si l'Empereur a à remplir une mission de conciliation, c'est aussi la mission des catholiques, qui doivent en outre, peser et méditer avec soin les enseignements de l'histoire, et veiller sur leurs intérêts, qui sont aussi ceux de la religion. Et que leur dira l'histoire à ce sujet, ainsi que nous le rappelions tout à l'heure en passant? Elle leur dira ce qu'ils ont été sous les anciens régimes, et ce qu'ils sont depuis l'ordre de choses providentiellement établi dans les temps modernes et dans ces dernières années en particulier; elle leur dira, surtout, ce qu'était son clergé, cette haute et vivante personnification de la religion. Avant 1830, il était l'instrument aveugle du pouvoir, un ordre de la société composé presque exclusivement d'hommes de familles nobles, vivant en grande partie, beaucoup plus des faveurs de la royauté que des vertus et du dévouement de la foi. Si quelque roturier ou enfant du peuple était assez heureux pour trouver place dans les rangs de la milice sainte, les bénéfices de la hiérarchie lui étaient rarement accessibles, et il passait ordinairement une vie obscure dans la servilité de quelque grande maison. Par la révolution de 1830, il perdit tout prestige, presque toute influence, car il y avait encore quelque chose de grand dans ses abus du passé. La révolution de Juillet lui avait enlevé en quelque sorte sa valeur sociale, en le livrant au mépris, et en le soumettant à un système de méfiance, souverainement humiliant pour la noblesse de son caractère et la franchisse de ses habitudes.

Au contraire, par le nouvel ordre de choses, énergiquement établi et heureusement dirigé, la Providence l'a placé dans une position normale, convenable à sa condition religieuse et sociale. Libre dans un Etat libre, il peut s'occuper de toutes les questions religieuses qui intéressent la foi, comme il peut user de tous les droits que la Constitution reconnaît à chaque citoyen français ; ses conciles et ses synodes se réunissent librement ; ses évêques vont noblement et sans entraves — ce que, dans les mêmes circonstances n'avait pas permis Louis XIV — consoler, dans ses ineffables douleurs, le vénéré et bien-aimé Pontife-Roi, se prosternant, avec amour et respect, sur les marhes d'un trône que les passions déchaînées et une haine implacable voudraient renverser, ils sont admis à l'intimité du souverain, comme ils peuvent communiquer avec le diocésain le plus humble ; non-seulement ses cardinaux prennent place au sénat, mais le plus modeste desservant trouve un accès favorable et bienveillant, lorsqu'il sollicite un secours pour une église pauvre ou pour œuvre de bienfaisance et de charité, et il n'a pas tenu au gouvernement que son budget ne fût encore augmenté. Mais ce qui fait le caractère distinctif de nos institutions et de nos mœurs, c'est que l'épiscopat n'est plus recruté exclusivement dans les rangs de la noblesse, et que toutes les classes de la société peuvent offrir, sûres être agréées, leur contingent de service et de dévouement à l'Église et à son clergé. Enfin, et pour rapporter ici les paroles d'un savant prélat, en ce qui tient spécialement à la liberté de l'Église, ce bien qu'elle apprécie justement comme le moyen indispensable à l'exercice de son ineffable ministère, nous pouvons affirmer que, depuis bien des années, la religion n'avait pas joui, en France, d'une liberté aussi grande, que celle dont elle peut user depuis quatorze ans.

Il n'y a donc aucune raison pour que les catholiques ne secondent de tous leurs efforts le gouvernement et la politique de l'Empereur. Tout, au contraire, concourt à les déterminer à cette association d'idées et de sentiments avec le pouvoir. Non point certes, qu'ils ne puissent, lorsqu'ils le croient sagement utile aux droits et au bien de l'Église, de l'éclairer avec cet esprit de convenance et de modération qui convient à son caractère, et que l'Empereur sait toujours apprécier. Car l'Empereur a, parmi un grand nombre d'autres, une qualité « bien rare dans les hommes que Dieu a élevés au pouvoir suprême, cet amour de la vérité qui la lui fait chercher dans toutes les voies, qui souffre la contradiction, et qui, par une bienveillance marquée, encourage au lieu de l'adulation, une franchise et l'ouverture du cœur. »

Les catholiques, en suivant la ligne de conduite sage et modérée tracée par l'illustre cardinal de Rouen, en ayant pleine confiance dans celui qui sait toujours concilier, avec tant de sagesse, les droits de l'Église et ceux de l'État, rendant à Dieu ce qui est à Dieu et à César ce qui est à César, auront agi dans les intérêts de la religion et ceux de la patrie. Ils auront donné pleine satisfaction aux lois du pays, aux convenances qui sont dues à un souverain que Dieu a choisi, et à tous les droits de la conscience chrétienne. Ils pourront alors répéter en toute vérité et sincérité, et sans crainte d'attenter aux intérêts de l'Église et de la religion, ces nobles paroles, dignes d'un cœur français et catholique, qui ont terminé le discours de Monseigneur de Bonnechose :

« Puissiez-vous donc vivre longtemps, Sire, pour la prospérité de la France et pour sa gloire ! Que Dieu, qui vous a déjà défendu contre tant d'attentats, daigne vous couvrir toujours de sa protection, et répandre de plus en plus, dans votre âme, les lumières et les forces si nécessaires pour gouverner selon ses lois le vaste empire qu'il vous a confié. Puissent ses plus précieuses bénédictions reposer sur Votre Majesté, sur votre auguste compagne, et sur le prince impérial, espoir des générations futures. »

FIN

VERSAILLES. — IMPRIMERIE CERF, 59, RUE DU PLESSIS.